São José de Anchieta

Elam de Almeida Pimentel

São José de Anchieta

*Invocado contra a violência,
os assaltos e os sequestros*

Novena e ladainha

EDITORA
VOZES

Petrópolis

© 2017, Editora Vozes Ltda.
Rua Frei Luís, 100
25689-900 Petrópolis, RJ
www.vozes.com.br
Brasil

Todos os direitos reservados. Nenhuma parte desta obra poderá ser
reproduzida ou transmitida por qualquer forma e/ou quaisquer meios
(eletrônico ou mecânico, incluindo fotocópia e gravação)
ou arquivada em qualquer sistema ou banco de dados
sem permissão escrita da editora.

CONSELHO EDITORIAL

Diretor
Gilberto Gonçalves Garcia

Editores
Aline dos Santos Carneiro
Edrian Josué Pasini
José Maria da Silva
Marilac Loraine Oleniki

Conselheiros
Francisco Morás
Leonardo A.R.T. dos Santos
Ludovico Garmus
Teobaldo Heidemann
Volney J. Berkenbrock

Secretário executivo
João Batista Kreuch

Editoração: Fernando Sergio Olivetti da Rocha
Diagramação: Sheilandre Desenv. Gráfico
Revisão gráfica: Nilton Braz da Rocha
Capa: Omar Santos

ISBN 978-85-326-5413-7

Editado conforme o novo acordo ortográfico.

Este livro foi composto e impresso pela Editora Vozes Ltda.

Sumário

1 *Apresentação*, 7
2 Histórico da vida de São José de Anchieta, 9
3 Novena de São José de Anchieta, 13
    1º dia, 13
    2º dia, 15
    3º dia, 16
    4º dia, 17
    5º dia, 18
    6º dia, 20
    7º dia, 21
    8º dia, 22
    9º dia, 23
4 Orações, 27
5 Ladainha de São José de Anchieta, 29

1
Apresentação

José de Anchieta é o missionário que veio ao Brasil para catequizar os índios e tornou-se um dos mais influentes religiosos do Brasil. Foi considerado no dia da sua morte, em 9 de junho de 1597, "O Apóstolo do Brasil".

A bondade, a sabedoria, as obras de Padre Anchieta renderam-lhe, ainda em vida, a fama de santo. Diziam que bastava o toque de seu cajado ou a bênção de suas mãos para doentes melhorarem, mortos ressuscitarem. Diziam que ele podia prever o futuro e controlar o tempo.

Conta-se que Reritiba (atual Anchieta), no Espírito Santo, sofria muito com as consequências da falta de chuvas, com longo período de estiagem. As fontes desapareciam, as pessoas e animais passavam sede. A população recorreu a Padre Anchieta, que, comovido diante daquele sofrimento, pediu à multidão que elevasse o pensamento a Deus. Naquele momento, Anchieta, de pé, concentra-se em prece, toca o chão com seu cajado e a água jorra, milagrosamente, enchendo um poço. Esse local passou a ser visitado por turistas. Com o passar dos anos, a devoção a Padre Anchieta se manteve firme. Os fiéis levam para casa água e rosas abençoadas em nome do Padre Anchieta.

Em situações difíceis, na iminência de assaltos e sequestros, muitos recorrem a Padre Anchieta em forma de oração: "Estende teu manto e protege nesta vida todos aqueles a quem amamos". Também é lembrado pelos devotos por um hábito que marcou a sua vida: a caminhada. Peregrinos refazem a pé o trajeto de cerca de 100km que separa a antiga aldeia de Reritiba (Anchieta) à cidade de Vitória, no Espírito Santo.

Este livrinho contém a vida de São José de Anchieta, sua novena, oração e ladainha. Durante os dias de novena, os devotos refletirão sobre passagens bíblicas, seguidas de uma oração para o pedido da graça especial, acompanhada de um Pai-nosso, uma Ave-Maria e um Glória-ao-Pai.

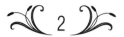

2

HISTÓRICO DA VIDA DE SÃO JOSÉ DE ANCHIETA

José de Anchieta viveu com a família até os 14 anos de idade, na Espanha, e, depois, mudou-se para Coimbra, em Portugal, para estudar. Lá, José de Anchieta ingressou no Colégio da Companhia de Jesus, distinguindo-se pela humildade, obediência e extrema devoção a Nossa Senhora. Sonhava ser missionário jesuíta e, após superar uma enfermidade, foi-lhe oferecida a possibilidade de vir para o Brasil. Apesar de abatido pela doença, muito debilitado, com o consentimento dos médicos e de seu superior, embarcou para o Brasil, com 19 anos de idade.

Ao desembarcar, estava doente, fraco e já apresentava uma pequena "corcunda". Durante os 44 anos em que viveu no Brasil,

José de Anchieta enfrentou os perigos da selva, a escassez de alimentos, o sono desconfortável em cabanas apertadas.

Padre José de Anchieta estava presente na primeira missa realizada no Brasil pelo Padre Manuel da Nóbrega. Participou da fundação da cidade de São Paulo, sendo o primeiro professor no colégio ali criado.

Além de educar os índios, defendia-os dos abusos dos portugueses, que queriam escravizá-los e tomar suas mulheres e filhos. Aprendeu a língua tupi, os costumes indígenas, traduziu obras católicas para a língua dos índios para que estes pudessem rezar.

Elaborou obra teatral para ser encenada por índios, mestiços e portugueses em datas festivas e cristãs. Compôs cantigas e poemas em tupi. Colaborou com tratados de paz entre índios e portugueses, entrando para a história como gramático, historiador, poeta, médico, professor, evangelizador.

Padre Anchieta, em seu ideal missionário, percorreu aldeias e povoados do sul de São Paulo ao sul da Bahia. Devido a problemas na coluna, Anchieta andava a pé, ora descalço, ora com sandálias por ele mesmo confeccionadas.

Foi beatificado em 1980 pelo Papa João Paulo II e canonizado em 3 de abril de 2014 pelo Papa Francisco, após um processo de mais de 400 anos, não tendo sido necessária a comprovação de milagres oficialmente.

Ele é reverenciado no Brasil e nas Ilhas Canárias (local de seu nascimento), onde há uma imponente estátua de bronze em sua homenagem, presente do governo do Brasil. Também é venerado na Catedral de San Cristóbal de La Laguna por meio de uma imagem de Anchieta em madeira, que segue em procissão para as ruas da cidade em 9 de junho, data de sua morte.

Na Basílica de Nossa Senhora da Candelária, santuário da padroeira das Ilhas Canárias, há uma pintura que apresenta José de Anchieta fundando a cidade de São Paulo.

Em Itanhaém é conhecido um lugar denominado "A cama de Anchieta", onde existe uma pedra, que, segundo a tradição, servia de travesseiro para ele e, na Igreja de Sant'Ana, na mesma cidade, é venerada uma

antiga imagem de Nossa Senhora da Concei-
ção, enviada de Portugal por Martin Afonso
de Souza, em frente à qual Padre Anchieta
orava fervorosamente. São José de Anchieta é comemorado em 9 de junho.

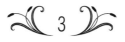

Novena de São José de Anchieta

1º dia

Iniciemos com fé este primeiro dia de nossa novena, invocando a presença da Santíssima Trindade: em nome do Pai e do Filho e do Espírito Santo. Amém.

Leitura do Evangelho: Lc 11,1-4

Um dia, Jesus estava rezando num certo lugar. Quando terminou, um dos discípulos lhe pediu: "Senhor, ensina-nos a rezar como João ensinou a seus discípulos". Ele lhes disse: "Quando rezardes, dizei: Pai, santificado seja o teu nome, venha o teu Reino. Dá-nos cada dia o pão necessário, perdoa-nos os nossos pecados, pois também nós perdoamos a todos que nos ofenderam, e não nos deixes cair em tentação".

Reflexão

Esta passagem do Evangelho, resposta de Jesus a um de seus discípulos, quando este pediu que "os ensinasse a orar", leva-nos a refletir que diversas orações podem ser dirigidas a Jesus, mas sempre inspiradas no "Pai-nosso", oração que é o resumo de todo o Evangelho. É através da oração que nos relacionamos com Deus como o único absoluto, uma confiança total, semelhante à relação de São José de Anchieta com Deus.

Oração

São José de Anchieta, por vossa intercessão pedimos que nos ensine a amar a Deus acima de todas as coisas e a falar com Ele diariamente e não só nos momentos de dificuldades. Concedei-me a graça que neste momento suplico a vós... (pede-se, individualmente, a graça desejada).

Pai-nosso.

Ave-Maria.

Glória-ao-Pai.

São José de Anchieta, intercedei por nós.

2º dia

Iniciemos com fé este segundo dia de nossa novena, invocando a presença da Santíssima Trindade: em nome do Pai e do Filho e do Espírito Santo. Amém.

Leitura bíblica: Sl 56,4-5

No dia em que tenho medo, / confiante a ti me dirijo. // Em Deus, cuja palavra eu louvo, / em Deus eu confio e nada temo: / O que poderá um mortal fazer contra mim?

Reflexão

Fé e confiança, atitudes básicas de entrega total nas mãos de Deus, que pode tudo e pode curar também. São José de Anchieta assim acreditou e procurou ensinar aos índios a importância da fé e confiança em Deus.

Oração

São José de Anchieta, peço-vos defesa contra as maldades e perseguições dos meus inimigos. Livrai-me dos caminhos das trevas e atendei meu pedido... (pede-se a graça desejada).

Pai-nosso.

Ave-Maria.

Glória-ao-Pai.

São José de Anchieta, intercedei por nós.

3º dia

Iniciemos com fé este terceiro dia de nossa novena, invocando a presença da Santíssima Trindade: em nome do Pai e do Filho e do Espírito Santo. Amém.

Leitura do Evangelho: Mc 1,40-41

Aproximou-se dele um leproso e, de joelhos, suplicou: "Se quiseres, podes limpar-me". Jesus se compadeceu dele, estendeu a mão, tocou-o e disse: "Eu quero, fica limpo". No mesmo instante a lepra desapareceu e ele ficou limpo.

Reflexão

Esta passagem do Evangelho de São Marcos é um exemplo de fé e humildade. Mostra como devemos nos dirigir a Deus, pedindo qualquer graça com fé, confiança e humildade.

Oração

São José de Anchieta, concedei-me a graça da humildade, confiança e muita fé no poder divino. Neste momento difícil de minha vida, ... (falar a situação que está enfrentando), concedei-me a graça que a vós suplico... (pedir a graça desejada).

Pai-nosso.

Ave-Maria.

Glória-ao-Pai.

São José de Anchieta, intercedei por nós.

4º dia

Iniciemos com fé este quarto dia de nossa novena, invocando a presença da Santíssima Trindade: em nome do Pai e do Filho e do Espírito Santo. Amém.

Leitura do Evangelho: Mt 28,20

[...] eis que estou convosco, todos os dias, até o fim do mundo.

Reflexão

Deus está na nossa vida, é nossa força e salvação. Ele nos guia em todos os momentos; é nosso consolo, é o nosso caminho.

Oração

São José de Anchieta, vós que tanto acreditastes e seguistes o Evangelho, ajudai-me a ouvir a voz de Deus no meu dia a dia, em todas as situações. Eu vos imploro a graça de que tanto necessito... (pedir a graça desejada).

Pai-nosso.

Ave-Maria.

Glória-ao-Pai.

São José de Anchieta, intercedei por nós.

5º dia

Iniciemos com fé este quinto dia de nossa novena, invocando a presença da Santíssima Trindade: em nome do Pai e do Filho e do Espírito Santo. Amém.

Leitura bíblica: Rm 2,11

[...] pois Deus não faz distinção de pessoas.

Reflexão

Todas as pessoas são iguais perante Deus. Jesus nos diz que devemos amar uns aos outros, respeitando o próximo, sem preconceito, sem julgamento. E São José de Anchieta demonstrou isso em relação aos índios, amando-os e ajudando-os.

Oração

São José de Anchieta, vós que fostes amigo dos índios e muito os ajudou, ajudai-me a superar qualquer tipo de preconceito contra a minha pessoa. Alcançai-me a graça de que tanto necessito... (pedir a graça desejada).

Pai-nosso.

Ave-Maria.

Glória-ao-Pai.

São José de Anchieta, intercedei por nós.

6º dia

Iniciemos com fé este sexto dia de nossa novena, invocando a presença da Santíssima Trindade: em nome do Pai e do Filho e do Espírito Santo. Amém.

Leitura do Evangelho: Lc 1,37

[...] Porque para Deus nada é impossível.

Reflexão

Nos momentos difíceis, pensamos que não vamos ter força para resolver os problemas. Mas, recordando as palavras do Evangelista Lucas, acreditando que "para Deus nada é impossível", e colocando nossas ansiedades nas mãos de Deus com muita fé, superaremos tudo.

Oração

São José de Anchieta, ajudai-me a entregar meus problemas, minha vida a Jesus, aprendendo a confiar cada dia mais nele. Socorrei-me nesta hora de aflição, alcançando a graça de que tanto necessito... (pedir a graça desejada).

Pai-nosso.

Ave-Maria.

Glória-ao-Pai.

São José de Anchieta, intercedei por nós.

7º dia

Iniciemos com fé este sétimo dia de nossa novena, invocando a presença da Santíssima Trindade: em nome do Pai e do Filho e do Espírito Santo. Amém.

Leitura do Evangelho: Mt 5,9

Felizes os que promovem a paz, porque serão chamados filhos de Deus.

Reflexão

O exemplo de vida de Padre José de Anchieta, sua sinceridade, abnegação, humildade, amor aos índios, defendendo-os e ensinando-os, atraiu sobre ele uma especial graça de Deus que o ajudava a curar os índios, fazer brotar a água necessária para eles e a promover a paz entre as tribos e entre os colonizadores.

Oração

São José de Anchieta, concedei-me a graça de praticar bons atos para ajudar meus semelhantes, tendo compaixão e misericórdia com os marginalizados. São José de Anchieta, confiando na vossa poderosa intercessão, peço-vos... (pedir a graça desejada).

Pai-nosso.

Ave-Maria.

Glória-ao-Pai.

São José de Anchieta, intercedei por nós.

8º dia

Iniciemos com fé este oitavo dia de nossa novena, invocando a presença da Santíssima Trindade: em nome do Pai e do Filho e do Espírito Santo. Amém.

Leitura bíblica: Rm 14,1

Acolhei com bondade o fraco na fé, sem discutir-lhe as opiniões.

Reflexão

A tolerância e o respeito ao próximo são pontos básicos na convivência humana, abordados pelo Evangelista Paulo. Padre José de Anchieta pôs isso em prática amando a Deus e ao próximo.

Oração

São José de Anchieta, socorrei-me neste momento de desespero, alcançando-me a graça... (pedir a graça desejada).

Pai-nosso.

Ave-Maria.

Glória-ao-Pai.

São José de Anchieta, intercedei por nós.

9º dia

Iniciemos com fé este nono dia de nossa novena, invocando a presença da Santíssima Trindade: em nome do Pai e do Filho e do Espírito Santo. Amém.

Leitura bíblica: Fl 4,6

Não vos inquieteis por coisa alguma. Em todas as circunstâncias apresentai a Deus as vossas necessidades em orações e súplicas, acompanhadas de ação de graças.

Reflexão

Ao permitir que Deus assuma nossa vida, começamos a sentir a presença dele e aprendemos a confiar nele. Rezemos muito, pois, quando assim fazemos, Jesus se faz presente e as graças se tornam mais próximas. Toda oração é válida, mesmo se não percebemos a sua resposta de imediato. São José de Anchieta rezou muito. Imitemos seu exemplo.

Oração

São José de Anchieta, a vós recorro com muita fé para que me concedais a graça... (pedir a graça desejada).

Pai-nosso.
Ave-Maria.
Glória-ao-Pai.
São José de Anchieta, intercedei por nós.

Orações

Oração n. 1

Senhor, nosso Pai, por meio de vosso servo José de Anchieta evangelizastes o nosso Brasil. Ele amou os pobres e sofredores, amenizando e curando seus males, e foi solidário com os índios, ajudando-os a vos conhecer e amar em sua própria língua e costumes. Neste momento, ó Pai querido, por intercessão de São José de Anchieta, eu vos peço a graça de que necessito... fortalecido pela mediação de Nossa Senhora, que ele muito amou em sua vida. Amém.

Oração n. 2

São José de Anchieta, Apóstolo do Brasil, Poeta da Virgem Maria, intercede por nós, hoje e sempre. Dá-nos a disponibilidade de servir a Jesus como tu o serviste nos mais pobres e necessitados. Protege-nos de todos os males do corpo e da alma. E, se for da vontade de Deus, alcança-nos a graça que te pedimos... (pede-se a graça).

Pai-nosso.

Ave-Maria.

Glória-ao-Pai.

São José de Anchieta, rogai por nós!

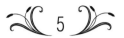

Ladainha de São José de Anchieta

Senhor, tende piedade de nós.
Jesus Cristo, tende piedade de nós.
Senhor, tende piedade de nós.

Jesus Cristo, ouvi-nos.
Jesus Cristo, atendei-nos.

Pai celeste, que sois Deus, tende piedade de nós.
Deus Filho, redentor do mundo, tende piedade de nós.
Deus Espírito Santo, tende piedade de nós.
Santíssima Trindade, que sois um só Deus, tende piedade de nós.

Santa Maria, rainha dos mártires, rogai por nós.

São José de Anchieta, "O Apóstolo do Brasil", rogai por nós.

São José de Anchieta, santo protetor contra a violência, rogai por nós.

São José de Anchieta, santo que protege dos assaltos e dos sequestros, rogai por nós.

São José de Anchieta, santo amigo dos índios, rogai por nós.

São José de Anchieta, santo protetor dos catequistas, rogai por nós.

São José de Anchieta, santo amigo dos devotos, rogai por nós.

São José de Anchieta, fiel aos princípios cristãos, rogai por nós.

São José de Anchieta, pregador das palavras de Jesus, rogai por nós.

São José de Anchieta, intercessor nosso junto a Deus, rogai por nós.

São José de Anchieta, defensor da fé cristã, rogai por nós.

São José de Anchieta, santo defensor dos injustiçados, rogai por nós.

São José de Anchieta, consolo dos aflitos, rogai por nós.

São José Anchieta, conforto dos doentes, rogai por nós.

Cordeiro de Deus, que tirais o pecado do mundo, perdoai-nos, Senhor.

Cordeiro de Deus, que tirais o pecado do mundo, atendei-nos, Senhor.

Cordeiro de Deus, que tirais o pecado do mundo, tende piedade de nós, Senhor.

Jesus Cristo, ouvi-nos.

Jesus Cristo, atendei-nos.

Rogai por nós, São José de Anchieta.

Para que sejamos dignos das promessas de Cristo.

CULTURAL

CATEQUÉTICO PASTORAL

TEOLÓGICO ESPIRITUAL

REVISTAS

PRODUTOS SAZONAIS

VOZES NOBILIS

VOZES DE BOLSO

CADASTRE-SE
www.vozes.com.br

EDITORA VOZES LTDA.
Rua Frei Luís, 100 – Centro – Cep 25689-900 – Petrópolis, RJ
Tel.: (24) 2233-9000 – Fax: (24) 2231-4676 – E-mail: vendas@vozes.com.br

UNIDADES NO BRASIL: Belo Horizonte, MG – Brasília, DF – Campinas, SP – Cuiabá, MT
Curitiba, PR – Florianópolis, SC – Fortaleza, CE – Goiânia, GO – Juiz de Fora, MG
Manaus, AM – Petrópolis, RJ – Porto Alegre, RS – Recife, PE – Rio de Janeiro, RJ
Salvador, BA – São Paulo, SP